Ramy Al-Asheq

Gedächtnishunde

Gedichte

Übersetzt und mit
einem Nachwort versehen von

Lilian Pithan

Weiteres Nachwort von

Monika Rinck

sujet verlag

CIP - Titelaufnahme in die Deutsche Nationalbibliothek

Ramy Al-Asheq
Gedächtnishunde, *Gedichte*
Übersetzung von Lilian Pithan
ISBN: 978-3-96202-038-5

© der deutschen Ausgabe 2019 by Sujet Verlag

Lektorat: Monika Rinck, Ibrahim Mahfouz
Satz und Layout: Christian Oehl
Coverbild: Hamid Sulaiman
Illustrationen & kalligraphien: Akli Ahmad
Druckvorstufe: Sujet Verlag, Bremen
Printed in Europe
1. Auflage: Frühling 2019

www.sujet-verlag.de

I

Am hinteren Ende des Kopfes

Das Vergessen ist die Schulung der Einbildungskraft,
die Wirklichkeit zu achten.

Mahmud Darwisch

In unserem Bett

Du trittst ein
Wie ein Fluss in ein durstiges Dorf
Und ziehst fort
Während ich dich mit den Augen einer betrachte,
           deren Geliebter in den Krieg zieht

Wir waren zusammen
Bevor eine Katze, die uns nicht gleicht,
           in unserem Bett geboren wurde
Bevor Amman aus Sehnsucht Selbstmord beging
Bevor ein Wolf vor seiner Beute gerettet wurde
           und der Jäger vor Enttäuschung starb
Wir waren zusammen
Ich bedeckte mich mit deinem Weiß
Wenn du dich aufdecktest
Ich sprang mitten auf eine Straße voller Autos
Verwirrt
Fuhrst du los
Ich rannte hinter deinem Auto her
Wie über ein Minenfeld
Mit nur einem Bein
Und einem herausgeschnittenen Herzen

Ich weiß, du hast dich verändert
Zwei Jahre lang habe ich beobachtet, wie du zunimmst
Und habe selbst den Appetit verloren
Das Maß deiner Brust verändert sich
Und mein Herz wächst
Auch wenn das geheime Muttermal an der einen
                Seite deiner Brust sich nicht bewegt hat
Bist du jetzt reizbarer
Dein Lachen ist lebendiger geworden
Seit du in unserem Bett lebst
Mit einer Schar Katzen, die mich nicht kennen
Ich lebe zusammen mit einem
                senilen Mütterchen namens Erinnerung
Du lachst
Wie Menschen um ein Stück frisches Brot lachen
Ich lache um dein Lachen
Und schlafe hungrig ein

Massaker

Ich wünschte, sie würden alle sterben
Auf welche Art auch immer
Wie grässlich ihr Tod ist, das kümmert mich nicht
Ich will, dass sie sterben
Wie schön wäre es
Würden sie alle in einer tiefen raumzeitlichen Grube sterben
Ich wünschte, ein Massengrab nähme sie auf
Als wäre ein Massaker geschehen
Und dass sie alle vergessen wären, als seien sie nie gewesen
Ohne Grabstein, Name oder Erinnerung
Deine Vergangenheit, meine und jeder Augenblick,
                                                          den wir nicht teilten

Warten

Als meine Mutter mich als Kind verließ
Wuchs das Bein unserer Nachbarin
Wurde der Schatten des Tisches länger, bis er einem Zelt glich
Blähte sich das Haus auf wie ein Ballon
Wurde meine Mutter älter
Ich war allein und wartete auf ihre Rückkehr
Damit auch sie auf mich warten könnte
Und wir zusammen alt würden

Gedächtnishunde

Einst wussten wir, dass die Öffnung
                     am hinteren Ende des Kopfes
Versuchen würde zu verschlucken, was wir hinter uns werfen
Wie ein Staubsauger
Um alles zurückzuholen in der Gestalt von Hunden,
                     die uns beißen und bellen
Und vom Fleisch unseres Glückes fressen
Die mit den Knochen der Lieder spielen
Und traurige Welpen gebären
Sich tanzend in den Gehirnwindungen der Gegenwart ausbreiten
Und in jeden Winkel des Schädels pinkeln
Sie hinterlassen ihre Signatur
Hier zogen vorbei die Gedächtnishunde

II

Der Krieg begehrt mich

Ich habe mich daran gewöhnt
Auf dich zu warten, oh Revolution!

Riyad al-Saleh al-Hussein

Briefe aus dem Innersten

Als wir auszogen in den Krieg
Du in deinen neuen Kleidern
Ich mit einem durchstochenen Herzen
Mussten wir uns trennen
Der Krieg begehrt nur mich allein

Grenzen, von anderen gezogen
Spreizten ihre Beine
Andere andere drangen ein
Vergewaltigten meinen Mund
Zwangen mich, ihnen in die Augen zu schauen
Mich selbst zu sehen, zahnlos
Und ohne Land

Als wir auszogen in den Krieg
Hielt ich deine Hand
Beobachtet von Satelliten
Wir entledigten uns der Kälte
Nur um am anderen Ende der Welt zu sagen:
Habt keine Angst
Wir stehen noch nicht an euren Grenzen

Wie ein unbekanntes Dorf in Indien
Trugen wir Namen und Wählerkarten
Gültig für Museen

Und Filmpreisverleihungen
Schauspieler posierten mit uns für ein Foto
Lächelnd
Bevor sie sich ein Dutzend Mal wuschen
Um den Gestank unserer Trauer loszuwerden

Als wir auszogen in den Krieg
Trat Gott durch die Gewehrmündung eines Scharfschützen ein
Wie ein Geist, der in seine Lampe zurückkehrt von der
      unmöglichen Mission, drei Wünsche zu gewähren
Von denen ich nicht einen kenne

Als zufällig eine Granate fiel
Flog das Tagebuch einer Teenagerin fort und verbrannte
Nur ein Fetzen überlebte, auf ihm die Worte
„Wir wollen nicht, dass ihr euch morgen schuldig fühlt
Wir wollen nur, dass ihr den Sieg des Holocaust verhindert"
Er blieb dort hängen zwischen Himmel und Feuer

Meine Hand, rissig von Trauer
Versuchte ein gnädiges Meer zu sein
Damit Mörder es überqueren und sich waschen können

Dein verlockendes Gesicht
Wie das letzte Stück Brot unter Belagerung
Verbrannte und fiel herab
Vor Sehnsucht

Als wir spazieren gingen mit dem Krieg
Auf dem Rohr eines schlaflosen Panzers
Floss das Blut des Traums

Mein Vater war weder Informant noch Militär
Weder Dichter noch Revolutionär
Er war ganz normal
Wie jeder Diktator

Die Damaszenerin
Säuberte die Erinnerung ihrer Schwelle
Vom Gestank der Soldaten
Und erstickte
An ihrer Verlassenheit

Als wir auszogen in den Krieg
Flogen unsere Freunde und fielen herab
Wie Frühlingsblüten
Ich war ein Reifen, der brennend einem Flugzeug
Den Weg versperrte
Du warst ein Vogel, der in ein Land zog
Das die Sprache seines Zwitscherns nicht verstand

Wir zogen aus in den Krieg
Ohne Fenster zu tragen, von denen aus
                              wir uns beobachten könnten
Wir trugen Spiegel
In denen wir die Gesichter eurer Kinder sahen
Ihr, die darauf wartet, das Ende des Kriegs zu feiern
Ohne eine einzige Kugel auf ihn abgeschossen zu haben

Wenn der Krieg nur wüsste, wen er tötet
Dann würde er zum Herrn der Götter

Ich werde dir nicht vom Blut erzählen
Sondern eine Zigarettenschachtel öffnen
Einen Stein aus einer zerstörten Stadt nehmen
Und in die Lache werfen
Wenn er sich verfärbt
Werde ich ihn beiseitelegen
Einen anderen werfen
Und immer so weiter…
Bis ich dir ein Gedicht bauen werde
Man wird fragen
„Warum hast du Rhythmus und Reim vergessen?"
Kümmere dich nicht um jene
Die nicht wissen, dass die Musik des Krieges
Keinen Rhythmus kennt
Und dass wir die Reime sind
Da wir die gleiche Endung haben
Und keine Chance zu singen

An deinem Ort, weit weg von den Granaten
Hallt die Angst nach
Doch hier
In der weiten Umarmung des Krieges
Legen wir die Angst ab wie einen großmäuligen Schuh
Laufen barfuß herum
Und lächeln

Damit das Foto deine europäischen Freunde weniger erschreckt
Wir schicken es als normalen Brief
Damit die Tierschutzwachen es nicht verhaften
Weil es keinen Pass hat
Wir schreiben darauf
„Es tut uns leid, dass wir keine Videos schicken
Doch
Das Grässlichste am Krieg ist
Dass er beim Essen Geräusche macht"

Überleben

So verließen wir Damaskus wie man einen Fingernagel ausreißt
Wir waren allein
Und du warst allein mehr als unsere Traurigkeit
Allein warteten wir auf die Stimme des Abschieds
Und jener Frauen, die die Wunden des Exils
                       mit ihrer Traurigkeit vernähen
Wir waren allein
Der erste verfing sich im Überleben
Der letzte wurde des langen Morgens müde
Und du, der einst zu mir sagte
Schlaf nicht, wenn die Traurigkeit sich selbst verrät
Frag nicht, wohin jene gehen, die zu ihrer Traurigkeit reisen
Folge nicht jenen, die zum begehrtesten
                       Baum des Paradieses ziehen
Als die Furcht die Tür des Überlebens öffnete, riefst du „nein"
Du, der einst zu mir sagte
Fürchte nicht um uns, wenn wir dieses Land verlassen
Fürchte um jene, die allein zurückbleiben
Wir waren allein oder waren es vielleicht nicht

So zogen wir vorbei, mein Liebster
An der Gaskammer
An den Soldatenliedern
Unter der Bombe, die noch nicht aus ihrer
                       gestrigen Trunkenheit erwacht war

An unserer Traurigkeit
Vor jenen, die unsere Atemzüge mit Kugeln zählten
Hinter jenen, die sich im Weinen verloren
Wir warteten lange Zeit
Wie einer, der aus Sehnsucht Wein keltern will
Gemeinsam pressten wir unsere Traurigkeit aus,
        wie man die Traurigkeit aus Trauben stampft
Und sagten: Morgen wird Gott nicht mehr kindisch,
                sondern erwachsen sein
Morgen wird er sich schämen
Wir warteten lange Zeit, mein Liebster
Doch unsere Sehnsucht wurde nicht zu Wein

So überlebten wir, wie es uns ins Gesicht geschrieben stand
Wir überlebten gemeinsam, also warte auf mich
Man sagt, wir hätten überlebt
Doch ich weiß nicht, ob wir überlebten
Noch ob das Überleben auch die anderen erreichte
Ich weiß nicht, ob wir Damaskus hinter uns ließen
So wie die Toten das Leben
Noch weiß ich, ob Damaskus uns je
        nach unserem Wunsch verlassen wird
Wir überlebten wie ein Vogel, der sagt,
        er sei dem Himmel entkommen
Wir überlebten wie ein Aal, der aus dem Wasser gerettet wurde
Wir waren allein
Wir waren allein
Wir waren…

Wir überlebten, drehten uns um am Ufer der anderen und sagten
So überlebten wir, oh Damaskus
Wir waren allein, wurden getrennt und dorthin geschickt,
                wo es dem Ordnenden beliebte
Wir sagten dieser Stadt, was Vögel in Käfigen sagen
Oder Aale an Land
Wir sagten: So überlebten wir, oh Damaskus
Doch Damaskus beachtete uns nicht

Von Fenstern

Von Fenstern, tätowiert mit Einschusslöchern
Die sich nicht mühen, ihre Fingerabdrücke zu verwischen
Von Fenstern, die sich vor einer Verlorenheit verschließen
In der die Luft an ihren Erinnerungen erstickt
Von zerbrochenen Fenstern
Von Fenstern, mit Blut besudelt von ausgesprochenen Worten
Fantasierten Worten
Unausgesprochenen Worten
Feurigen, scharfen
Und tödlichen Worten
Die Heimatländer aus Schießpulver verbrennen
Menschen aus Öl
Und Zivilisationen aus Pappe
Worte, die blutige Fenster mit Einschusslöchern tätowieren
Von Fenstern, die nicht mehr von Liebenden geöffnet werden
Von denen du auf uns hinuntersahst
                       und dich nicht trautest, hinabzusteigen
Tropft dein Blut
Oh Freiheit

III

Vom Ermessen der Liebe

Dich zu lieben war wie in den Krieg zu ziehen; nie kam ich als die Gleiche zurück.

Warsan Shire

Ich liebe dich nicht

Ich liebe dich nicht
Dieses Loch im Herzen, ein Überbleibsel eines alten Krieges
Dieses rascher werdende Klopfen, ein Fehler
        in den Abmessungen der Schöpfung
Dieser Kloß im Hals, der drei Schläge verharrt, wurzelt in
        der Trauer, nie Musikunterricht erhalten zu haben
Was man Schwindel nennt, ist nichts weiter als mein Glas,
        das ich mit deiner Abwesenheit leerte
Dieses schmerzvolle Warten begann, weil der
        dreiundzwanzigste Zug nicht kam
Und ich fuhr fort, die Einsamkeit aufzuziehen wie Kamele

Ich liebe dich nicht
Du weintest vor mir
Ich wischte deine Tränen fort
Und küsste dich zwischen Wange und Gefängnis
Du lächeltest
Doch meine Tränen waren noch nicht gestillt worden

Der Schaffner fragt mich
„Wo ist Ihre Fahrkarte?"
Ich antworte ihm
„Alles, was nicht zu ihr führt, ist unbeweglich"
Er umarmt mich und fesselt mich mit Kabelbindern an den Sitz

Damit dein Herz
Nicht vor mir davonläuft

Ich erinnere mich, wie sie die Hand meines Vaters
                     an ein Gefängnisbett fesselten
Wegen eines Verkehrsdelikts
Wie sie meine Freunde töteten,
           um sie vor dem Heimweh zu bewahren
Wie sie unsere Münder verschlossen mit Kerzenwachs
Damit unsere weißen Nachbarn nicht erschräken
           über unsere furchteinflößende Sprache
Ich erinnere mich an das, was ich hätte vergessen sollen
Ich vergesse, dass ich keinen Augenblick ohne dich kenne
Ich erinnere mich, dass ich es war, der fortging
Denn immer, wenn ich mich nähere,
                 explodiert die Liebe mir ins Gesicht
Meine Magerkeit erfüllt mich
Und fließt über
Wie Tränen
Ich will Liebe ohne Tränen
Was?
Ich liebe dich nicht

Wie sieht die Liebe aus?

Es sitzt ein Schmerz in der Brust
Auf der linken Seite
Nicht im Herzen, sondern um es herum
Ich sage das nicht, weil mein Herz unversehrt wäre
Sondern weil es ihr gefolgt ist wie ein Hund

Ein Schmerz
Als läge das Herz in einem Mörser
Und die Entfernung wäre der Stößel

Eine Brust und ein Herz
Es scheint, sie passen nicht zusammen
Als wären sie nicht füreinander gemacht
Es schmerzt, sie zusammenzuhalten
Und noch mehr, sie zu trennen

Ein Herz
Das fragt
„Wie sieht die Liebe aus?"

Schmerzen

Es war kein Herzinfarkt
Kein Stich mit einer vergifteten Klinge
Keine Kugel aus einer schallgedämpften Pistole
Es waren noch nicht einmal Regelschmerzen
Es war Liebe

Mehr als ich sollte

Vielleicht liebte ich dich mehr als ich sollte
Und weiß immer noch nicht, wie viel dieses „sollte" sein sollte
Wie ermisst man Liebe?
Mit Schmerz?

Ich liebte eine Stadt, die meinen Bauch schmerzte
Gebar Erinnerungen, die mich vergaßen
Freundete mich mit der Zeit an und alterte
Meine Lieder überließen mich dem Rost
Bis heute
Habe ich nicht gelernt, wie man die Liebe aufzieht

Die Liebe stand hinter der Tür
Sie trug ein schwarzes Gewand
Und eine Sichel
Ich wollte ihr sagen
„Ich weiß, du wirst mich töten"
Doch sie schloss rasch die Augen

Und du
Wenn die Liebe an deinem Haus vorbeihinkt wie eine alte Frau
Mit ihrem Stock an deine Tür schlägt
Und zu dir sagt
„Dreh deine Lust leiser, damit ich schlafen kann"

Was wirst du ihr dann antworten?
„Ich würde sie fragen
Was hast du dem Krieg zu sagen?"

Kein Zufall

Der Tod war kein Zufall
So wie der Zufall nicht zufällig war
Wir gingen gemeinsam
Auf zwei verschiedenen Wegen
Mit Schießpulver bedeckt
Die Liebe spannte sich über deinem Herzen und meinem
Wie eine Decke
Wenn eines von ihnen an ihr zog, um sich zu wärmen,
                                  wurde dem anderen kalt
Der Tod war kein Zufall
Wir gingen gemeinsam
Auf zwei verschiedenen Wegen
Und es war kein Zufall
Dass wir uns nie getroffen haben

In deiner Abwesenheit

In deiner Abwesenheit
Schwand alles dahin
Als ob das Universum eine Sanduhr wäre
Alles
Bis auf deinen Duft

Schwanger

Ich frage mich
„Was machst du jetzt?"
Und schließe die Augen des Wartens
Ich sehe dich hervortreten zwischen den Fingern des Windes
Du ohrfeigst meine Vermutungen… und deine Abwesenheit
Dann kehrst du zurück, flüchtig wie eine Träne
Mit meiner Hand berühre ich deine Wange
Und schlafe zwischen dir
Und den Schwärmen deiner Fantasie
Eine Frau, schwanger
Mit Angst

Schwitzend

Seit Tagen schon
Schwitze ich wie ein Glas
Schmelze über glühenden Kohlen
Zittere wie ein Verfluchter
Und erwache mit Schrecken
In meinem Traum sah ich
Wie sie mich betrügt
Jene, die ich zuerst betrog

Mit meinen fünf Sinnen

Deine lügende Stimme gestern Abend
Dein Gesicht, verklebt von den Zügen einer anderen
Deine kindliche Angst
Dein zitterndes Erbeben
Deine Haut eine löchrige Wolke
Deine Handfläche kreisrund wie ein Armband
Dein Mund, der stotternd sagt, was du nicht willst
Ich erkenne sie, wie der Sohn der Wüste seine Mutter erkennt
Mit meinen fünf Sinnen
Der Intuition von Ehefrauen
Der Übellaunigkeit von Dichtern
Den Ängsten von Kriegsgefangenen
Der Furcht von Fliehenden
Dem Wissen von Schuldigen über ihre Geheimnisse
Mit meinen fünf Sinnen erkenne ich sie
Und übergehe sie
Wie eine schmerzliche Vergangenheit

Ich bin dein Lügendetektor
Deine Waage, in eine dunkle Ecke geworfen
Die Seherin deiner Traurigkeit und deiner Versuche,
                                         bösartig zu sein
Dein Haus, das seine Wände um deine Nacktheit kehrt, seine Tür
    schließt für dich und dir die Schlüssel zur Freiheit überlässt

Deine Katze, die weiß, wo du ihr Fressen versteckst,
                es aber vorzieht, dich zu rufen
Deine Vergangenheit, die noch nicht gekommen ist,
                damit du sie loswirst
Deine Vergangenheit, die dich besser kennt als du dich selbst
Ich weiß, wie sich dein Körper verändert hat,
                bis sogar ich zu eng geworden bin
Und im Schrank hänge wie eine erhängte Schuld
Die deine Finger zitternd überspringen
Wie sich deine Züge verändert haben
Bis die Bilder unserer Erinnerungen die zweier Fremder wurden
Wie sich deine Stimme beim Lügen nicht verändert hat
Als ob es dir entfallen sei, seit du das letzte Mal sagtest
„Ich liebe dich"

Ich entferne dich aus meinem Fleisch
Wie eine Kugel
Nachdem ich von deinem Speichel getrunken habe
Wie einer, der Schlangengift als Gegenmittel trinkt
Zu dir hin gelebt habe
Mich aus meiner Haut geschält habe wie eine Schlange
Meine Erinnerungen Staub und Würmern überlassen habe
Und du zu dem geworden bist,
                was einer im Exil am meisten begehrt
Ich entferne dich aus meiner Haut wie ein Muttermal,
                dessen Farbe sich ändert
Aus meinem Auge wie eine versteinerte Träne
Aus meinem Herzen wie Blut

Aus meinem Kopf wie einen Splitter, der keinen Krieg kannte
Ich entferne dich wie Damaskus mich entfernte

Wie unsere Liebe

Es gibt jemanden, der Dinge wie diese mit Absicht machte
Der wollte, dass sie vollkommen unfair sind
Es gibt jemanden, der das Glück eines anderen verschlingt
Und etwas, das uns sagt, einer von uns müsse etwas tun
Um dieses Spiel zu beenden
Und es fair aufzustellen
Nicht nur zum Spaß
Zum Beispiel
Liebe ich dich so sehr wie tausend Männer
Doch bringt das die Waage aus dem Gleichgewicht
Denn es gibt tausend Männer, die nicht lieben können
Oder zumindest
Die Liebe eines einzigen Mannes nicht aufwiegen können

Es gibt jemanden, der Dinge wie diese mit Absicht machte
Der alles mit seinem Gegenüber verband
Dein Gesicht und mein Herz
Deine Lippen und meine Schultern
Deine Hand und mein Haar
Deinen Hals und meine Zunge
Dein Verlangen und meine Gedichte
Mein Gesicht und deine Vergangenheit
Zwischen jedes Paar baute er eine gläserne Wand und rief
„Los!"

Es zerbrachen dein Gesicht und mein Herz
Es sprangen deine Lippen und meine Schultern
Es brachen deine Hand und mein Haar
Es wurden verwundet dein Hals und meine Zunge
Es starben dein Verlangen und meine Gedichte
Es wurde entstellt mein Gesicht
Und es überlebte deine Vergangenheit

Es gibt jemanden, der Dinge wie diese mit Absicht machte
Der wollte, dass sie einer anderen Zeit angehörten
Als hätten sie ihr Verfallsdatum überschritten
Wie unsere Liebe

Eines Tages werden wir uns trennen

Eines Tages werden wir uns trennen
Wie ein Embryo und seine Mutter
Auf unserer Erfolgsbilanz werden Enttäuschungen stehen
Und wir werden Beleidigungen austauschen
Wir werden gemeinsam Häuser bauen, nur um sie zu verlassen
Denn wir können nicht mit dem Schmerz in jeder Ecke leben
Die Küche wird unser Lieblingsort sein
Wo Messer in ihren Schubladen glänzen
Der Duft von Gewürzen aus Herzen strömt
Und wir jeden Abend unsere Erinnerungen säubern
Es wird Blut
Es wird Krieg
Es wird Schweigen
Es wird Vergebung
Es wird sicherlich kein Kind

Eines Tages werden wir uns trennen
Die Zeit wird unsere Träume fressen
Die Liebe auf unsere Herzen pinkeln
Und die Vergangenheit zwischen uns schlafen
Wir werden uns mit Enttäuschungen zudecken
Uns lange wünschen, es wäre nichts geschehen
Die Straßen werden unsere Zeugen sein
Schweigsam und lächelnd

Kalt und trocken
Angeberisch wie eine alte Liebe
Der Regen durchtränkt nur
Die Haut
Die Hitze verbrennt nur
Die Hoffnung
Es wird Langeweile
Es wird Geschrei
Es wird Trennung
Und wir werden glückliche Alte sein
Die all das wie einen Spielfilm verfolgen
Und gemeinsam lächeln
Denn wir haben zu früh aufgehört
Uns zu verlieben

IV

Ein kurzes Leben

Lyrik
das Nichtwort
ausgespannt
zwischen Wort und Wort

Hilde Domin

Ich streiche deinen Namen

Ich schreibe und streiche, schreibe wieder und streiche alles,
        was ich geschrieben habe, und je mehr ich schreibe,
                desto mehr streiche ich
Zum Beispiel schreibe ich deinen Namen
Du entspringst den Buchstaben wie eine Gazelle
Die sorglos auf Gedichten grast
Du tanzt auf dem Tau der Lieder
Und ich verliere den Faden
So schreibe ich dich nicht!
Also streiche ich deinen Namen
Schreibe den meinen
Und streiche auch mich
Um dich hinter dem Tintenschleier zu treffen

Besiegt

Besiegt, als würde ich nach heute kein Gedicht mehr schreiben
Zerbrochen, als wären die Steine trauriger Vögel
              auf mein Augenglas gefallen
Aufgefressen vom Verlust, als hätte die Welt
          ihre Zunge verschluckt und wäre gestorben

Dann kommst du
Wie eine alte Wunde
Oder ein besiegter Gott
Kriechst aus deiner Haut wie ein Neugeborenes
Dringst ein in meine Haut, um mich noch mehr zu besiegen

Wie kannst du schlafen, wenn meine Traurigkeit
        die Mauern deiner Unbarmherzigkeit zertrümmert
Sie ermüdet mich
Ich werfe meinen Kopf auf deinen Schenkel und vergesse ihn
Gehe auf Menschen zu ohne Traurigkeit
Tanze für sie zu Liedern, die ich für dich singe
Steige auf Hochhäuser, ohne meine Ängste zu wecken
Schwerter schrammen vorbei
Dann ertrinke ich im Mittelmeer... und sterbe nicht
Diese Welt braucht Körper ohne Köpfe

Ich öffne die Augen, es tropft von meinen Lidern,
                      ich bin blutbedeckt

Ich sehe, wie du in meinem Blut ertrinkst
Sage zu dir: „Ich habe Hunger"
Die Angst frisst mich auf
Du Göttin der Kälte, du Bäuerin, du Olivenbaum im Alten Land,
   du Tor der unvergesslichen Schuld,
    wenn Herta Müller dich kennte,
    verleugnete sie ihre Muttersprache, denn du
   bist die Mutter aller Sprachen und die allertraurigste
Ich schließe die Augen, du leuchtest wie Feuerwerk am Himmel
   Berlins, wie ein Streichholz entzünde ich deinen Körper

Diese Welt verbrennt uns, um unsere Niederlage zu feiern

Deine Hand, die im Zatar meines Kopfes ertrank –
                      niemand rettete sie
Meine Hand, die die Tränen deiner Traurigkeit wegwischte –
                      niemand trocknete ihre Tränen
Dein duftender Mund – goss Verse eines Buches aus,
                dessen Autor kein Gott zu sein vorgab
Ich erinnere mich nicht, was ich sagte, als ich dich nicht küsste
Doch ich erinnere mich daran, was ich nicht sagte
„Ich habe Gott nach deinem Bilde geschaffen
Eine Frau, die ihre Kälte frisst
Eine Bäuerin, die keine Dichtung liest
              und keine sprachlichen Reize enthüllt
Mit einer Mundart, die schwimmt in Musik
Erhebt sie Berge aus Feuer
Und breitet Ebenen aus Liebe aus

Sie ist nicht eine
Sondern alle Frauen
Ihre Stimme sind die Lieder der Äcker
Ihr Wasser verwandelt die Trockenheit in Gärten
Ihre Haut ist Staub
Sie tötet niemanden, nur die Entfernung"

Ich wusste, dass die Dichtung gestorben war
Sie alle hatten sie getötet
Denn sie konnten ihre Wunden nicht heilen
Ihre Asche warfen sie ins Tote Meer
So lebte es aufs Neue
Jetzt schläft die Dichtung unter einem See
Klebt an den Körpern der Touristen, die sie besuchen
Die Erde isst sie und fliegt auf
Vögel tragen sie auf die Spitzen der Berge
Wir alle essen von ihrem Fleisch
Streuen ihr Salz auf unsere Teller
So wurden die Dichter zu Köchen
Und ich wurde besiegt
Als würde ich nach heute kein Gedicht mehr schreiben

Den Dichtern

Den Dichtern
Folgt nur ihre Traurigkeit

Sie erwacht wie ein Funke an Fingerspitzen
Und schläft ein
Wischt man eine Träne
Fort
Mit den Fingerspitzen

Geboren wird sie
Unbefleckt
Bevor die Sprache sie überfällt
Und benennt

Sie tritt ein mit dem Wind
Und fährt aus mit der Seele

Sie altert allein
Ein Loch, das seine Familie verschlingt
Und niemanden wieder ausspuckt
Sie schläft im Nachthemd
Wärmt sich an Erinnerungen
Wächst mit der Einsamkeit
Geht zur Schule

Fängt eine Beziehung an
Lebt in Schlafzimmern
Geht morgens zur Arbeit
Macht Urlaub am Meer
Malt ein Bild
Nistet in einem Gedicht
Reist ohne Pass

Als der Mensch die Traurigkeit nach seinem Bilde schuf
Vergaß er, sie weinend und vergänglich zu machen

Mitleid

Ich bemitleide diese elenden Poeten
Die ihre Zeit verschwenden mit der Suche
                                  nach irgendeinem Bild
Die ihre Väter töten
Mit ihnen in Gärten gehen
Und sie in einer Holzkiste begraben
Die man nun
Bücherregal nennt

Ich bemitleide jene
Die Buchstaben gebrauchen, die sie nicht selbst erschufen
Papier, das sie nicht selbst herstellten
Stifte, die aus weit entfernten Ländern kamen
Von Menschen gemacht, die keine Dichtung
                                  in Fremdsprachen lesen
Ich bemitleide jene
Die einer nach dem anderen sterben
Ohne ein letztes Gedicht geschrieben zu haben

Sie verdienen ihren Lebensunterhalt mit den Schmerzen
Und Freuden der anderen
Sie sammeln hier ein Lachen
Da ein paar Tränen
Liebesgeschichten und Klagegedichte

Und machen daraus
Ein trocken Stück Brot

Ich bemitleide jene
Die sich für Propheten halten
Auch wenn sie einfach nur Menschen sind
Sie entdeckten die Lüge der Prophezeiung
Und logen sie erneut

Ich bemitleide diese Poeten
Die eine mütterliche Brust ergreifen
                         und sie zu einer Wolke machen
Sie öffnen dem Morgen eine Tür, durch die das Heute
                         ohne Wiederkehr verschwindet
Sie schauen einen Baum an, der nicht zurückschaut
Sie schreiben über einen Krieg, der nicht zurückschreibt
Sie lieben Städte, die sie nicht zurücklieben
Sie brechen die Hand der Angst,
                         deshalb bricht sie ihnen den Hals
Sie eilen auf alles zu, deshalb enteilt ihnen alles
Ich bemitleide sie
Denn
Ich versuchte einmal, ein Poet zu sein
Kam bis zur Hüfte des Gedichts
Und erstach es dann

Ausnahme

Dichter sind immer traurig
So sagt man
Ich aber bin eine Ausnahme, meine Liebste
Ich bin kein trauriger Dichter
Ich bin
Nur traurig

Diese Gedichte

Diese Gedichte stehen in der Schuld deiner Grausamkeit
Gewachsen in meinem Leib
Schmerzten sie nur mich allein
Lebendig begraben konnte ich sie nicht
Denn sie weinten mit meiner Stimme und deinen Zügen

Diese Gedichte gehören dir nicht an
Du kannst dich nicht mit ihnen brüsten
Sie an deine Brust drücken
Und ihnen Schlaflieder singen
Du kannst sie nur
Von Ferne betrachten
Wie sie ihre Verwaisung besingen
Und unbefangen tanzen im Karneval deines Leids

Diese Gedichte sterben nicht
Kehren nicht an ihren Ursprung zurück
Niemand kehrt an seinen Ursprung zurück
Das ist nur ein abscheulicher Witz

Diese Gedichte sind treu
Verwehren niemandem den Gefallen ihrer Existenz
Wurden nicht aus dem Nichts erschaffen
Atmeten mit der Lunge der Einsamkeit

Tranken aus einem Bächlein namens Liebe
In das Fremde ihren Abfall werfen
Und ihre Beine zur Kühlung strecken
Bevor sie sich aufmachen zu anderen Fremden

Diese Gedichte handeln
Nicht von Liebe
Oder Krieg
Nicht von Verlassenheit
Oder Tod
Nicht von Angst
Oder Entfernung
Nicht mal vom Leben handeln sie
Diese Gedichte sind Leben

Leben

Ich will ein Leben so kurz
Wie dieses Gedicht

Nachworte

Vom Nachspüren und Nachdichten

Von Lilian Pithan

Lyrikübersetzungen, so wird gemeinhin behauptet, seien das Schwierigste überhaupt. Nur Lyrik zu schreiben, und gute noch dazu, erfordere mehr Können und Sprachgefühl. Trotzdem, oder vielleicht gerade deshalb, hat die Lyrikübersetzung eine lange Tradition. Immer wieder lassen sich Übersetzerinnen und Übersetzer, nicht selten auch Lyrikerinnen und Lyriker, auf die enorme Herausforderung ein, einen Text, der im Original auf allen Ebenen bis ins Äußerste verdichtet ist, in eine andere Sprache zu übertragen. Denn neben Frustration und Ernüchterung fällt bei diesem Prozess auch immer wieder ein Körnchen höchster Zufriedenheit ab, wenn in der Zielsprache genau die passende Syntax, der perfekte Klang oder das richtige Wort gefunden wurde.

Die Übertragung der Lyrik von Ramy Al-Asheq aus dem Arabischen ins Deutsche ist in diesem Sinne weniger ein Prozess der direkten Übersetzung aus einer Sprache in die andere als der Versuch, dem Klang und den Bilderwelten der Originale im Deutschen nachzuspüren. Kompliziert ist das nicht allein deshalb, weil das Arabische eine dem Deutschen völlig unverwandte Sprache ist, deren Strukturen und Vielschichtigkeiten nur schwer spiegelbar sind, sondern auch, weil es eine

Fülle an Poetiken kennt, die in der deutschen Literatur keine Entsprechung haben. Am einfachsten lassen sich diese Unterschiede an sprachlichen Bildern nachvollziehen, sie betreffen aber ebenso Versbau, Rhythmus, Klang und Thematik eines Gedichts.

Der vorliegende Lyrikband stellt innerhalb des Werks von Al-Asheq insofern ein Novum dar, als er nicht zuerst auf Arabisch veröffentlicht wurde. Alle in diesem Band versammelten Gedichte wurden vom Autor und von mir speziell für die deutsche Ausgabe ausgewählt. Die wichtigsten Kriterien waren dabei die Güte des Originals und dessen Übertragbarkeit ins Deutsche. Das bedeutet jedoch nicht, dass die Texte in Hinblick auf ihre Übersetzung geschrieben worden wären. Sie alle sind zwischen 2016 und 2018 entstanden, lange bevor Madjid Mohit, Gründer des Sujet Verlags, mit der Idee eines Gedichtbands auf Deutsch an Al-Asheq herangetreten war. Geschrieben wurden die Texte in Deutschland, das Al-Asheq 2014 über ein Aufenthaltsstipendium des Heinrich-Böll-Hauses Langenbroich erreichte und wo er seither lebt.

Was die Gedichte außerdem eint, ist ihre Form: Bis auf *So verließen wir Damaskus* handelt es sich bei allen Texten um Prosagedichte, die wie für diese Gattung üblich kein festes Vers- oder Reimschema aufweisen. Im Deutschen tauchen Prosagedichte ab dem 19. Jh. auf; im Arabischen beginnen erst im 20. Jh. vereinzelt Lyrikerinnen und Lyriker, sich dieser Form zu bedienen. Mittlerweile ist das Prosagedicht im arabischen Sprachraum jedoch weit verbreitet, wenn auch nicht die alleinig vorherrschende Form. So schreibt Al-Asheq neben Prosagedichten und lyrischer Prosa ebenfalls Gedichte in gebundener Sprache. Welche Form ein Text findet, hängt dabei meist von der Thematik ab und von dem spontanen Moment, in dem das jeweilige Gedicht entsteht. Auch der gesprochenen arabischen Sprache, genauer des Syrischen, das sich sehr stark vom zeitgenössischen Hocharabisch unterscheidet, bedient Al-Asheq sich gelegentlich, jedoch nicht in den Gedichten in diesem Band.

Doch wie genau ging die Übertragung der Gedichte vor sich? Je nach Text handelt es sich um einen unterschiedlichen, vielhändigen Prozess. So wurden die meisten Übertragungen ins Deutsche auf Grundlage von englischen Übersetzungen angefertigt, die der US-amerikanische Literaturwissenschaftler und Arabist Levi Thompson gemeinsam mit Ramy Al-Asheq erarbeitet hatte. Auf die erste Rohübersetzung ins Deutsche folgten lange Runden der Diskussion und Reflexion, in der Al-Asheq und ich die Struktur der Verse im Arabischen, die Intention verschiedener Passagen und die Vielschichtigkeit einzelner Worte debattierten. Anschließend wurden die deutschen Texte von mir überarbeitet und in Teilen nachgedichtet, um nicht einfach nur die Bedeutung der einzelnen Verse wiederzugeben (sollte es in Lyrik so etwas wie eine konkrete „Bedeutung" überhaupt geben), sondern um die Poesie des Originals in der Zielsprache abzubilden.

Andere Gedichte wurden von zwei befreundeten Arabisten ins Deutsche übersetzt und anschließend von mir überarbeitet. Das betrifft zum einen das titelgebende Gedicht *Gedächtnishunde*, dessen Rohübersetzung von Benedikt Römer angefertigt wurde; zum anderen die beiden Gedichte *Mit meinen fünf Sinnen* und *Besiegt*, an deren Übertragung Ibrahim Mahfouz beteiligt war. Unabhängig von den Rohübersetzungen, auf denen die endgültigen deutschen Texte basieren, habe ich mir erlaubt, im Deutschen Änderungen und Alternativen einzuführen, wann immer mir dies notwendig erschien, um die Poesie des Originals in der Übersetzung nicht zu gefährden.

Wie oben schon erwähnt, musste gelegentlich auf einzelne poetische Charakteristika des arabischen Textes verzichtet werden. Sei es, weil sie im Deutschen nicht spiegelbar sind, sei es, weil sie das Gedicht unnötig beschwert hätten. So wird in der arabischen Version von *Warten* in den Versen 2-5 sowie 8 immer das gleiche Verb eingesetzt: كبر hat eine sehr vielfältige Semantik, die im Deutschen von „wachsen" über „größer werden" bis hin zu „altern" reicht. Da „groß werden" zwar sowohl den Aspekt des Wachsens als auch des Erwachsenwerdens abdeckt, jedoch nicht für einen Alterungsprozess verwendet werden kann, der später im Leben einsetzt, wurden hier im deutschen Text verschiedene Verben verwendet. Außerdem schienen mir gewisse Vorgänge, wie das länger Werden der Schatten und das Aufblähen des Hauses „wie ein Ballon", im Deutschen nach präziseren Verben zu verlangen. In anderen Gedichten wurde im Deutschen auf semantischer

Ebene etwas hinzugewonnen, das im Original zwar angelegt, aber nicht ausbuchstabiert ist. Die „elenden Poeten" in *Mitleid* beispielsweise sind im Arabischen ganz einfach „Dichter". Im Deutschen jedoch schien mir der Begriff des „Poeten", der so vielfältige Assoziationen weckt – man denke nur an Carl Spitzwegs Gemälde *Der arme Poet* (1839) – und in dem auch eine gewisse Ironie mitschwingt, an dieser Stelle als die bedeutungsvollere Variante. Nicht zuletzt fügt die klangliche Verwandtschaft von „Poet" und „Prophet" dem Gedicht eine interessante Nuance hinzu.

Andere Gedichte, wie beispielsweise die Gedächtnishunde, leben im Arabischen von ihrer ausgefallenen Bilderwelt, die sich im Deutschen ohne weitere Verluste spiegeln lässt. So ist die Vorstellung, dass wir alle ein Loch im Hinterkopf haben, das Gedanken und Erinnerungen, die wir lieber dem Vergessen anheimgäben, verschluckt und in bellende Hunde verwandelt, auch im Deutschen sehr poetisch. Vielleicht würden sie nur eben durch unsere Gehirnwindungen „streunen" und sich nicht „tanzend ausbreiten". Diese Fremdheit des Ausdrucks wurde in der Übersetzung jedoch bewusst beibehalten. Auch die Urinspuren der Gedächtnishunde sind keine Reviermarken, sondern „Signaturen". Die Grenze zwischen Tier und Mensch, zwischen Gedächtnis, Erinnerung und Gedanke verschwimmt.

Schwieriger zu erfassen sind die „Knochen der Lieder", die im Deutschen weit weniger Assoziationen hervorrufen als im Arabischen. Das „Lied" ist ein in der arabischen Lyrik häufig verwendeter Topos, der weit mehr als die musikalische Gattung beschreibt. Er ist reich an Referenzen auf eine geteilte Tradition und Kultur, innerhalb derer das gemeinsame Singen und Musizieren einen hohen Stellenwert hat. Lieder markieren in diesem Kontext wichtige Momente im Leben eines Menschen oder in der Geschichte eines Landes. Die „Knochen der Lieder" beziehen sich somit auf eine geteilte orale Kultur, auf das sich Erzählen des eigenen Lebens und auch auf die Erinnerung.

Besonders spannend war die Arbeit an Passagen, die sich im Arabischen durch einen sehr speziellen Versbau auszeichnen. Gut erkennen lässt sich das an dem Gedicht *Eines Tages werden wir uns trennen*, das am Ende sowohl der ersten als auch der zweiten Strophe eine syntaktisch ausgefallene Parallelstruktur aufweist. „Es wird Blut/Es wird Krieg/Es wird Schweigen/Es wird Vergebung/Es wird sicherlich kein Kind" beginnt im Arabischen jeweils mit dem Verb سيكون, das wörtlich „wird sein" bedeutet und normalerweise durch eine Adverbiale des Ortes ergänzt wird. Deshalb klingen diese Verse schon im Arabischen ungewohnt. Im Deutschen habe ich mich mit „es wird…" ebenfalls für eine Struktur entschieden, die zwar verständlich, aber doch fremd ist. Das Ruckeln des Originals wird hier auf die Übersetzung übertragen und versprachlicht die emotionale Ausnahmesituation, in der sich das lyrische Ich befindet.

Zuletzt noch ein paar Worte zu dem einzigen Gedicht in gebundener Sprache, das Aufnahme in diesen Band gefunden hat:

Überleben wurde von mir ursprünglich für eine Lyrikperformance übersetzt, die Ramy Al-Asheq gemeinsam mit dem britischen Theaterregisseur Brian Michaels und der deutsch-rumänischen Schauspielerin und Theaterregisseurin Simina German erarbeitet hat. Schon der erste Vers steckt voll realer und poetischer Gewalt: „So verließen wir Damaskus wie man einen Fingernagel ausreißt…" Dazu muss man wissen, dass der Autor selbst aus Damaskus, wo er aufgewachsen ist, fliehen musste, nachdem er sich an der friedlichen Revolution 2011 gegen Diktator Baschar Al-Assad beteiligt hatte, anschließend vom Geheimdienst verhaftet worden und nur mit viel Glück wieder freigekommen war. Das Ausreißen von Fingernägeln ist in den syrischen Folterkellern eine gängige Praxis und gehört sogar – so zynisch das auch klingen mag – zu den weniger schrecklichen Foltermethoden. Bedeutsam sind die Fingernägel, da die Kinder, die 2011 an die Mauern der im äußersten Süden Syriens gelegenen Stadt Daraa regimekritische Parolen geschrieben hatten, auf eben diese Weise gefoltert worden waren. Ihre Ermordung durch die Schergen des Assad-Regimes führte zu den ersten Demonstrationen im Land, die im Rückblick als Initialzündung der Syrischen Revolution bezeichnet werden können. Doch auch ohne dieses Hintergrundwissen wird beim Lesen die existentielle Dringlichkeit der Sprechsituation deutlich. Die häufigen Wortwiederholungen und parallelen Versstrukturen schaffen eine stark rhythmisierte Sprache, die im Deutschen einen Eindruck von Metrum und Reimschema des Originals vermittelt.

Daneben entwirft Ramy Al-Asheq in diesem Gedicht verschiedene Metaphern, die sich über mehrere Verse hinweg entfalten. So stellt die zweite Strophe eine Verbindung zwischen dem Warten auf ein unerreichbares Ziel – das Ende des Exils, die Rückkehr nach Damaskus, die Wiedervereinigung mit alten Freunden, das Vergehen der Trauer… der Interpretation scheinen an dieser Stelle keine Grenzen gesetzt – und dem Keltern von Wein her:

> Wir warteten lange Zeit
> Wie einer, der aus Sehnsucht Wein keltern will
> Gemeinsam pressen wir unsere Traurigkeit aus, wie man die Traurigkeit aus Trauben stampft
> Und sagten: Morgen wird Gott nicht mehr kindisch, sondern erwachsen sein
> Morgen wird er sich schämen
> Wir warteten lange Zeit, mein Liebster
> Doch unsere Sehnsucht wurde nicht zu Wein

Verschiedene Quellen gäbe es für diesen Wein – die Sehnsucht oder die Traurigkeit –, doch aus keiner sprudelt der ersehnte Trank. Je mehr sich das weibliche lyrische Ich auf Damaskus, auf die Heimat, besinnt, desto weiter rückt sie in die Ferne. Das Überleben ist nicht mehr positiv konnotiert, sondern wird zu einem Akt des reinen Hörensagens: „Man sagt, wir hätten überlebt/Doch ich weiß nicht, ob wir überlebten." Immer wieder wird Damaskus direkt angesprochen, bleibt aber bis zum Ende des Gedichts taub für die Worte der Vertriebenen. Man kann sich kaum ein heftigeres, schmerzvolleres Finale vorstellen als die letzten beiden Verse des

Gedichts: „Wir sagten: So überlebten wir, oh Damaskus/Doch Damaskus beachtete uns nicht."

Viele der Gedichte in diesem Band sprechen von Trauer, Heimatlosigkeit und Verlust. Man könnte sagen, das welthistorische Inferno in Syrien atme aus jeder Zeile, selbst aus denen der Liebesgedichte. Gleichzeitig greift eine Interpretation zu kurz, die Al-Asheqs Gedichte als reine „Kriegslyrik" kategorisieren wollte. Trotz seines jugendlichen Alters versteht er es, Themen ganz unterschiedlicher philosophischer und emotionaler Tragweite in seinen Gedichten zu verhandeln. Al-Asheq tut dies auf eine ihm eigene, eindringliche Art, die bis in die letzten Windungen der Sprache vordringt und auch vor gewagten Bildern nicht zurückschreckt. Deutschsprachige Leserinnen und Leser können Al-Asheqs Lyrik nun erstmals gesammelt und in einem weiteren Kontext erfassen. Und auch wenn es in diesem Nachwort vermehrt um Worte ging, um deren Bedeutung und Position im Vers, sei für die Lektüre an Hilde Domins Vierzeiler erinnert, der dem letzten Kapitel dieses Gedichtbands vorangestellt ist:

Lyrik
das Nichtwort
ausgespannt
zwischen Wort und Wort

Nicht allein die Worte sind es, die ein Gedicht ausmachen, sondern auch die Leerräume zwischen ihnen.

Berlin, Februar 2019

Das Geräusch, das der Krieg beim Essen macht

Die Kapitel heißen:
I Am hinteren Ende des Kopfes
II Der Krieg begehrt mich
III Vom Ermessen der Liebe
IV Ein kurzes Leben

Am hinteren Ende des Kopfes toben die Gedächtnishunde. Was haben sie in ihrer Schnauze, was bringen sie schwanzwedelnd zurück – und was erwarten sie? Die *Gedächtnishunde* geben dem ersten in deutscher Übersetzung erscheinenden Lyrikband von Ramy Al-Asheq seinen Titel. Hunde, die „in jeden Winkel des Schädels pinkeln" und die nicht in das Reich der Erinnerung zu bannen sind, sondern die sich in die Gegenwart ausbreiten, auf eben die Weise, wie Erinnerungen sich im Jetzt aktualisieren. Denn Erinnerungen sind gegenwärtig – und oft alles andere als sanft und beruhigend. Im Gedächtnis herrscht keine Harmonie. Nichts, woran man sich erinnern kann, ist vorbei.[1] Der Weg zurück führt sicher nicht ins Paradies, sondern in eine Gegend, in der vergangene Konflikte immer noch lebendig sind. Im Gedicht kann diese besondere Form der psychischen Kongruenz, die sich über

---
1 So bringt es Klaus Heinrich auf den Punkt, in: Psychoanalyse Sigmund Freuds und das Problem des konkreten gesellschaftlichen Allgemeinen. Dahlemer Vorlesungen Band 7. Frankfurt am Main, Basel 2001, Seite 59.

die Kongruenz grammatischer Zeitformen hinwegsetzt, besser abgebildet werden als in jedem anderen Genre. Die Zeiten wechseln, sie lösen einander ab, sie falten sich auf. Das Gedicht ist der sinnvolle Raum für die ganz gewöhnliche Mehrzeitigkeit, die in der Psyche herrscht. Lesend durchquere ich sie, bewege mich durch die Jahre und Monate. In jeder Zeile erwartet mich eine andere Zeit, und in einer Leerzeile zwischen zwei Strophen vergehen womöglich Jahrzehnte.

Alles, was nicht vergessen wurde, ist da. Ist Vergessen eine Gnade? Dem ersten Kapitel dieses Bandes ist ein Motto von Mahmud Darwisch vorangestellt: „Das Vergessen ist die Schulung der Einbildungskraft, die Wirklichkeit zu achten." Eine rätselhafte Sentenz, zumindest auf den ersten Blick. Wie lässt sie sich erschließen? Gibt es die Wirklichkeit etwa nur im Präsenz? Ja, denn die eben vergangene Sekunde ist unwiderruflich vorbei. Doch die Erinnerung trägt sie erneut hinüber und die entstehenden Überlagerungen sind in der Gegenwart zu analysieren. Muss ich die Wirklichkeit achten, damit ich sie nicht vergesse, oder gerade weil ich sie vergesse? Hier ist das Zitat ein weiteres Mal: „Das Vergessen ist die Schulung der Einbildungskraft, die Wirklichkeit zu achten." Konkurriert das Vergessen also mit der Wirklichkeit? Oder ist sein eigentlicher Widerpart die Einbildungskraft, die ihrerseits maßgeblich an der Wirklichkeit beteiligt ist – dazu später mehr.

Das Buch beginnt mit einem großen Auftritt: „Du trittst ein/ Wie ein Fluss in ein durstiges Dorf" – doch wird genug Zeit bleiben, um den Durst zu stillen? Nein. Der Fluss zieht fort. Sogleich schichten sich verschiedene Zeitebenen auf wie Sedimente, das Davor, das Danach, die quälende Präsenz der Erinnerung, die Rede des hilflosen Zeugen einer unaufhaltsamen Veränderung, die Nähe, die Distanz, der Entzug. Ramy Al-Asheq entwirft Bilder, die beides sind: einladend und verstörend und auf phantasmatische Art sehr genau.

Sehr viele Arten von Vergangenheiten kennt das Gedicht, doch kennt es auch eine Gegenwart? Was weiß das Gedicht, im Moment seiner Lektüre, in dem es sich aktualisiert, in dem Augenblick des Lesers, in den es eintritt wie ein Fluss? Es gibt nur die Details, die das Gedicht nennt. Hinzu tritt die Deutung, Erfahrungen und Vorstellungen seiner Leserinnen bereichern das Gedicht. Kurz darauf wünscht sich ein mit dem Titel *Massaker* überschriebenes Gedicht das Gewesene um jeden Preis auslöschen zu können, „jeden Augenblick, den wir nicht teilten". Es herrscht Gewalt.

„Es ist keineswegs eindeutig, was für uns verfügbar ist: Unter der Vorstellung, dass die Begriffe, so wie wir sie haben, von ihren Inhalten her Machtkämpfe in uns austragen und wir mit ihnen Machtkämpfe austragen, ist Gedächtnis eine schwierige, eine selbst neurotische oder psychologische Kampfsituation", schreibt Wilhelm Schmidt-Biggemann.[2] Taugen denn die Begriffe einer fremden Sprache, um zu erklären, was es bedeutet, mit einem ganzen Leben zu brechen, das Land zu

---

[2] Wilhelm Schmidt-Biggemann: Schläft ein Lied in allen Dingen. Zur Topik einer poetischen Welt, in: Der Prokurist, Nummer 6, 1991, Seite 11f.

verlassen, die Erinnerungen einerseits zurückzulassen und andererseits mitnehmen zu müssen? Was davon ist Proviant, und was wird irgendwann zum bedrängenden Spuk?

Das Davor, das Danach markieren den Beginn der langen Wartezeit. Dies könnte ein Warten sein, das sich eine andere Vergangenheit erschaffen möchte, oder ein Warten in der furchtbarsten Schwebe, während das Leben einfach weitergeht – aber das Leben geht entgegen der Redensart nicht „einfach" weiter. Es ist schwer. Man möchte sich vielleicht wünschen, das Warten ließe sich schließlich eintauschen gegen die Präsenz, auf dass die angespannte abgewartete Zeit doch irgendwann zur belastbaren Währung würde. Davon sprechen die Gedichte, als Zeitspeicher, als Zeilen, in die sich das Warten eingeprägt hat.

Der Krieg begehrt mich, so ist das zweite Kapitel überschrieben. Die Gedichte werden dunkler, die poetische Stimme bleibt kühl, überlegen, klar, die Bedingungen aber entsetzlich. Die Zufälligkeit, mit der im Krieg gemordet wird, beweist, was dem Menschen nur schwer vorstellbar ist: zutiefst betroffen, aber nicht gemeint zu sein. Denn es liegt ja nahe, die Zerstörung, die einen direkt betrifft, persönlich zu nehmen. Sie ist es aber in den meisten Fällen nicht, obwohl sie mitten hineintrifft in das Herz der Person, zufällig und ohne jede Erklärung. „Der Tod war kein Zufall/So wie der Zufall nicht zufällig war". Dass jemand einmal sagen könnte, der Krieg begehrt mich, mich und niemand anderen – ist das nicht schon beinahe eine Auszeichnung? Ein befreiender Hohn? Welche Verdinglichungen, welche Personifikationen sind unter diesen Umständen noch denkbar? „Ich war ein Reifen, der brennend einem Flugzeug/Den Weg versperrte/Du warst ein Vogel, der in ein Land zog/Das die Sprache seines Zwitscherns nicht verstand", heißt es in dem Gedicht „Briefe aus dem Innersten". Die Perspektiven knirschen und die Bilder, die Ramy Al-Asheq findet, lassen den Skandal der Gleichzeitigkeit von Krieg und Frieden erfahrbar werden. Es ist eine Frage des Ortes. Wie kann das sein? „Wir entledigten uns der Kälte/Nur um am anderen Ende der Welt zu sagen/Habt keine Angst/ Wir stehen noch nicht an euren Grenzen." Fast tönt es wie ein bitterer Witz, die Unbeteiligten, die sich in Sicherheit befinden, auf diese Weise zu beruhigen. Lebensgefahr ist offenbar relativ. Das dürfte so nicht sein.

Es passiert jederzeit, in diesem Moment, und dann wieder im nächsten. Auch die, die es nicht betrifft, verfallen in Furcht. Der Widerhall der Angst ist selbst dort zu hören, wo keine Granaten fallen – wohl hat die Angst je unterschiedliche Ausprägungen, Schwierigkeitsgrade und ihre ganz eigenen Tapferkeiten. „Das Grässlichste am Krieg ist/Dass er beim Essen Geräusche macht." Mit bitterem Spott streifen die Gedichte das, was sich die Unbeteiligten ausmalen. Sie lassen es stehen, und stellen eine andere Erfahrung daneben. Alle Medien können dazu Verwendung finden. Die Affekte mischen sich unter die Dinge des täglichen Lebens. Die Stadt ist nicht mehr wiederzuerkennen. Reim und Rhythmus fallen dem Krieg zum Opfer. Wenn es nur das wäre.

Es sind außerdem die gekappten Beziehungen im Exil, die radikale Einsamkeit, und die Einsamkeit, in die das Überleben mündet, und die Hoffnung, die sich trotz der Genozide des 20. Jahrhunderts, die auch im 21. Jahrhundert nicht unmöglich geworden sind, hält: „Morgen wird Gott nicht mehr kindisch, sondern erwachsen sein./Morgen wird er sich schämen." Doch das hat sich bislang noch nicht bemerkbar gemacht.

Alles grenzt aneinander, nichts bleibt auf einer Seite. Die Metaphern des Krieges wandern in Liebesgedichte hinein. Sie lassen sich nicht aufhalten. Man könnte von einem neuen Arsenal der Bilder sprechen, die die Verzweiflung über eine vergangene Liebe kriegerisch infiltrieren. „Ich entfernte dich aus meinem Fleisch/Wie eine Kugel". Es lässt sich nicht mehr trennen, die Bilder flackern, sie lösen einander ab. Und am Ende stirbt auch die Dichtung, oder schläft sie nur? „Ich will ein Leben so kurz/Wie dieses Gedicht" – so endet das Buch. Und mit ihm, auch dieses Nachwort.

Monika Rinck, 14.01.2019

Inhaltsverzeichnis

I Am hinteren Ende des Kopfes
In unserem Bett   7
Massaker   9
Warten   10
Gedächtnishunde   11

II Der Krieg begehrt mich
Briefe aus dem Innersten   15
Überleben   20
Von Fenstern   23

III Vom Ermessen der Liebe
Ich liebe dich nicht   27
Wie sieht die Liebe aus?   29
Schmerzen   30
Mehr als ich sollte   31
Kein Zufall   33
In deiner Abwesenheit   34
Schwanger   35
Schwitzend   36
Mit meinen fünf Sinnen   37
Wie unsere Liebe   40
Eines Tages werden wir uns trennen   42

IV Ein kurzes Leben

Ich streiche deinen Namen	47
Besiegt	48
Den Dichtern	51
Mitleid	53
Ausnahme	55
Diese Gedichte	56
Leben	58

Nachworte

Vom Nachspüren und Nachdichten, *Lilian Tithan*	61
Das Geräusch, das der Krieg beim Essen macht, *Monika Rinck*	71
Inhaltsverzeichnis	77
Danksagung	81

Das Gedicht *Den Dichtern* entstand im Rahmen von „Weiter Schreiben", einem Projekt von WIR MACHEN DAS / Wearedoingit e.V. in Kooperation mit dem Gunda-Werner-Institut in der Heinrich-Böll-Stiftung und wurde durch den Hauptstadtkulturfonds, die Schering Stiftung und das Goethe-Institut gefördert.

Im Sujet Verlag erschienen

Kurz vor dreißig,
...küss mich

von
Widad Nabi

Übersetzung: Suleman Taufiq
Lyrik
78 Seiten, 14,80 €
ISBN: 978-3-96202-021-7
1. Auflage 2019

Widad Nabis Texte erzählen von der unstillbaren Sehnsucht, vom Verlust, von Lust und Schmerz, von der Suche nach menschlicher Nähe. Sie besingen zumeist einen Moment der Nostalgie, der Zärtlichkeit und der Liebe.

Ihre Gedichte, die poetisch eng mit den Ereignissen der letzten Jahre in Syrien verwoben sind, entsprechen dem Lebensgefühl vieler Menschen, die auf der Flucht sind. Das Gefühl der Fremdheit in ihrer Lyrik ist eine Metapher für die Entwurzelung und Heimatlosigkeit des modernen Menschen. Das Exil ist das Schicksal vieler Syrerinnen und Syrer geworden, aber oft auch ihre Rettung. „Das Exil hat mich vor der Vernichtung gerettet", sagte sie einmal.

Die kurdisch-syrische Schriftstellerin **Widad Nabi** wurde 1985 in Kobani/Syrien geboren. Sie absolvierte den Bachelor in Wirtschaftswissenschaften an der Universität von Aleppo. 2013 erschien ihr Buch „Zeit für Liebe, Zeit für Krieg" in Aleppo. 2016 folgte „Syrien und die Sinnlosigkeit des Todes" in Beirut (beide in arabischer Sprache). 2014 gelang ihr die Flucht nach Berlin, wo sie bis heute lebt. Hier bekam sie schnell Kontakt zur hiesigen Literaturszene. Für zahlreiche Zeitschriften und Zeitungen schrieb sie Texte, etwa für Spiegel Online, die Zeit, Frankfurter Rundschau, Freitag und Kursbuch.

Leuchtspuren Restlicht

von

Amir Shaheen

Lyrik
87 Seiten, 14,80 €
ISBN: 978-3-96202-036-1
1. Auflage 2019

Amir Shaheen verfolgt die Leuchtspuren in unserer Zeit und spürt auch das Restlicht in dunkleren Tagen auf. Meere, Straßen, Aufbrüche und Abschiede, verrinnende und schlecht genutzte Tage, die Zeit, die man nie hatte oder die noch bleibt, Vergängliches, Vergebliches, Heimat oder Unbehaustsein sind wiederkehrende Bilder und Motive in dieser Sammlung. Etliche Gedichte ließen sich konkret verorten in der Gegenwart, an der Nordsee, auf einer norddeutschen Hallig oder griechischen Inseln wie auch in den Städten, in denen der Dichter lebt und sich aufhält. Jenseits der Beobachtung und Beschreibung, über Erlebtes oder Erfahrenes weit hinaus, weisen so manche Gedichte bis ins Spirituelle hinein — nicht zuletzt auch das ausgezeichnete „Sediment".

Amir Shaheen, geboren 1966 in Lüdenscheid, aufgewachsen in Altena/Westf., lebt in Köln. Er ist Autor, Lektor, Herausgeber, gelernter Verlagskaufmann und schreibt Lyrik, Prosa, Satirisches und Kolumnen. Amir Shaheen veröffentlicht seit 1989 literarische Texte und hat sich insbesondere als Lyriker einen Namen gemacht. Etliche seiner Gedichte erschienen in zahlreichen Anthologien, Kalendern, Zeitschriften, Rundfunk und Internet und wurden aufgenommen in „Der Große Conrady – Das Buch deutscher Gedichte".

Wucht

von

Pegah Ahmadi

Lyrik
76 Seiten, 16,80 € (gebunden mit Schutzumschlag)
ISBN: 978–3-96202–018-7
1. Auflage 2018

„*Wucht*

[…] Und ich, deren Auge die offene Geschichte der Wucht war,

stoße eine Klinge in die Kluft.

Zerr mich auf die Straße,

die des Lebens dunkle Festung ist. […]"

Wucht ist nach Mir war nicht kalt bereits der zweite Lyrikband von **Pegah Ahmadi**, der im Sujet-Verlag erscheint.

Die Autorin lebt nun mittlerweile seit gut vier Jahren in Deutschland und dies macht sich auch in ihren in dieser Zeit entstandenen Gedichten bemerkbar. Denn diese thematisieren nun vermehrt das Leben in der Fremde und das Fremdsein an sich.

Flüchtlingscafé

von

Nahid Keshavarz

Übersetzung: Monika Matzke
Lyrik
187 Seiten, 14,80 €
ISBN: 978-3-96202-014-9
1. Auflage 2018

Die Anthologie „Flüchtlingscafé" ist eine Sammlung wundersamer Alltags-Geschichten von unterschiedlichen Menschen. Im Vordergrund des Buches steht das Leben als Migrant mit all seinen Schmerzen, seiner Freude und seiner Leidenschaft. Die Erzählungen von Nahid Keshavarz lassen den Leser in den Alltag und die Gedanken von unterschiedlichsten Charakteren schlüpfen. Die Erzählungen handeln von Ehepaaren, die mit Kommunikationsproblemen hadern, den Brüchen gesellschaftlicher Konventionen, der Auseinandersetzung mit dem sozialen Medium „Facebook" sowie von kulturellen Missverständnissen. Ohne mit einer schweren Sprache zu erdrücken, zeigt die Autorin durch ihre verschiedenen Charaktere zahlreiche Facetten von Menschen, die nicht mehr in ihrem Heimatland leben können.

Nahid Fallahi-Keshavarz kam vor 30 Jahren aus dem Iran nach Deutschland und hat in ihrem Heimatland Journalismus studiert. In Deutschland machte sie eine Ausbildung als Heilpraktikerin für psychologische Beratung. Sie arbeitet momentan hauptberuflich als Leiterin von „FliehKraft", des Kölner Flüchtlingszentrums und als psychologische Beraterin. Nebenberuflich ist sie noch als Journalistin tätig. Sie veröffentlichte unzählige Artikel zum Thema Migration, Frauen auf der Flucht sowie psychische Probleme von Migranten.

Ich zähme die Hoffnung
von Suleman Taufiq

Lyrik
100 Seiten, 17,80 € (gebunden mit Schutzumschlag))
ISBN: 978–3-96202–001-9
1. Auflage 2017

„was machst du
ich zähme
die hoffnung,
trainiere
die geduld
und befreie
mich von zweifeln."

Suleman Taufiq ist ein deutsch-syrischer Autor und als Lyriker und Erzähler, Kulturjournalist, sowie als Herausgeber und Übersetzer arabischer und deutscher Literatur bekannt. Seine Lyrik ist ein Brückenschlag zwischen zwei Kulturen – die sich so fremd nicht sein können. Sie ist eine spezielle Mixtur aus deutschen und fremden Elementen, die einander bereichern und dadurch etwas Neues schaffen. „Ich lebe nicht in zwei Welten, ich bin zwei Welten", sagt Taufiq. In seinen neuen Gedichten nimmt er uns mit in eine wunderbare Welt der Fremde, eine Welt mit all ihrer Vergänglichkeit, Maßlosigkeit, Wandelbarkeit, Unwägbarkeit, auf eine poetische Reise zwischen Orten, Sprachen und Zeiten.

Der Zikadenbaum

von

Matthias Groll

Lyrik
123 Seiten, 16,80 € (gebunden mit Schutzumschlag)
ISBN: 978–3-96202–005-7
1. Auflage 2017

Schwalbenschrift am Himmel,
ins Blau getupft.
Schwer zu lesen,
leicht zu verstehen.

In Matthias Grolls neuestem Lyrikband werden einige ältere Gedichte des Autors aus den Büchern „Bald kommen die Abendvögel" und „Aus dem Gepäck der Kriegskinder" mit bisher unveröffentlichten und neuen Gedichten vereint. Daraus ergibt sich eine thematische Vielfalt, die von Bereichen wie Krieg aus der Kinderperspektive und Erfahrungen in der Psychiatrie über zeitkritisch-skeptische bis zu zeitlos-poetischen und untergründig witzigen Gedichten reicht.

Matthias Groll, geboren 1940 in München, Kriegjahre und Nachkriegszeit in München. Studium der Medizin in München, Studiensemester in Psychologie und Parapsychologie in Freiburg. Promotion am Max-Planck-Institut für Psychiatrie, Psychoanalyse. Mitarbeit am Psychoanalytischem Institut Bremen, verschiedene Lehrtätigkeiten. Berufsbegleitend leterarische Tätigkeiten, vorwiegend Lyrik, lyrische Prosa, Erzählungen. Lebt mit seiner Frau in Bremen.